글 | 김현주
중앙대학교에서 문예창작을 공부했고, 어린이 책 개발자로 일하고 있습니다.
철학, 문학, 수학, 사회 등 다양한 어린이 그림책을 개발했고, 쓴 책으로는
〈뭐든지 세어 주는 수 세기 박사〉, 〈알로와는 지도도 잘 그려〉, 〈아빠 닮았네!〉,
〈신 나는 의자〉 등이 있습니다.

그림 | 백정석
이탈리아 밀라노 브레라 국립 미술원에서 회화를 공부했습니다.
한국출판미술대전에서 상을 받은 뒤 어린이를 위한 책에 그림을 그리고 있습니다.
그린 책으로는 〈제이콥스가 들려주는 영국 옛이야기〉, 〈우리는 몇 촌일까〉,
〈깨끗한 손, 깨끗한 이〉, 〈구리구리 똥은 염기성이야?〉 등이 있습니다.

누리 세계문화 25 미국 플루토 스팟을 찾아가요
글 김현주 | 그림 백정석 | 펴낸이 김의진 | 기획편집총괄 박서영 | 편집 정재은 이영민 김한상 | 글 다듬기 박미향 | 디자인 수박나무
제작·영업 도서출판 누리 | 펴낸곳 Yisubook | 주소 경기도 고양시 일산동구 일산로67, 3층 | 고객상담실 080-890-7000
잘못된 책은 바꾸어 드립니다. 이 책에 실린 글이나 그림을 무단으로 복사, 복제, 배포하는 것을 금합니다.
⚠ 1. 사람을 향해 던지거나 떨어뜨리지 마십시오. 2. 고온 다습한 장소나 직사광선이 닿는 장소에는 보관하지 마십시오.

플루토 스팟을 찾아가요

글 김현주 그림 백정석

동생 애슐리가 퇴원하는 날 말리가 물었어.
"애슐리, 생일 선물 뭐 해 줄까?"
애슐리는 1초도 망설이지 않고 말했어.
"별난 스파이 시리즈에 나오는 플루토 스팟을 만나고 싶어."
애슐리는 많이 아팠는데도 여전히 플루토 스팟 타령이야.
그런데 무슨 일일까?
말리는 대뜸 애슐리에게
플루토 스팟을 만나게 해 주겠다고 말했어.
애슐리 말이 플루토 스팟은
로스앤젤레스 베벌리힐스에 산대.

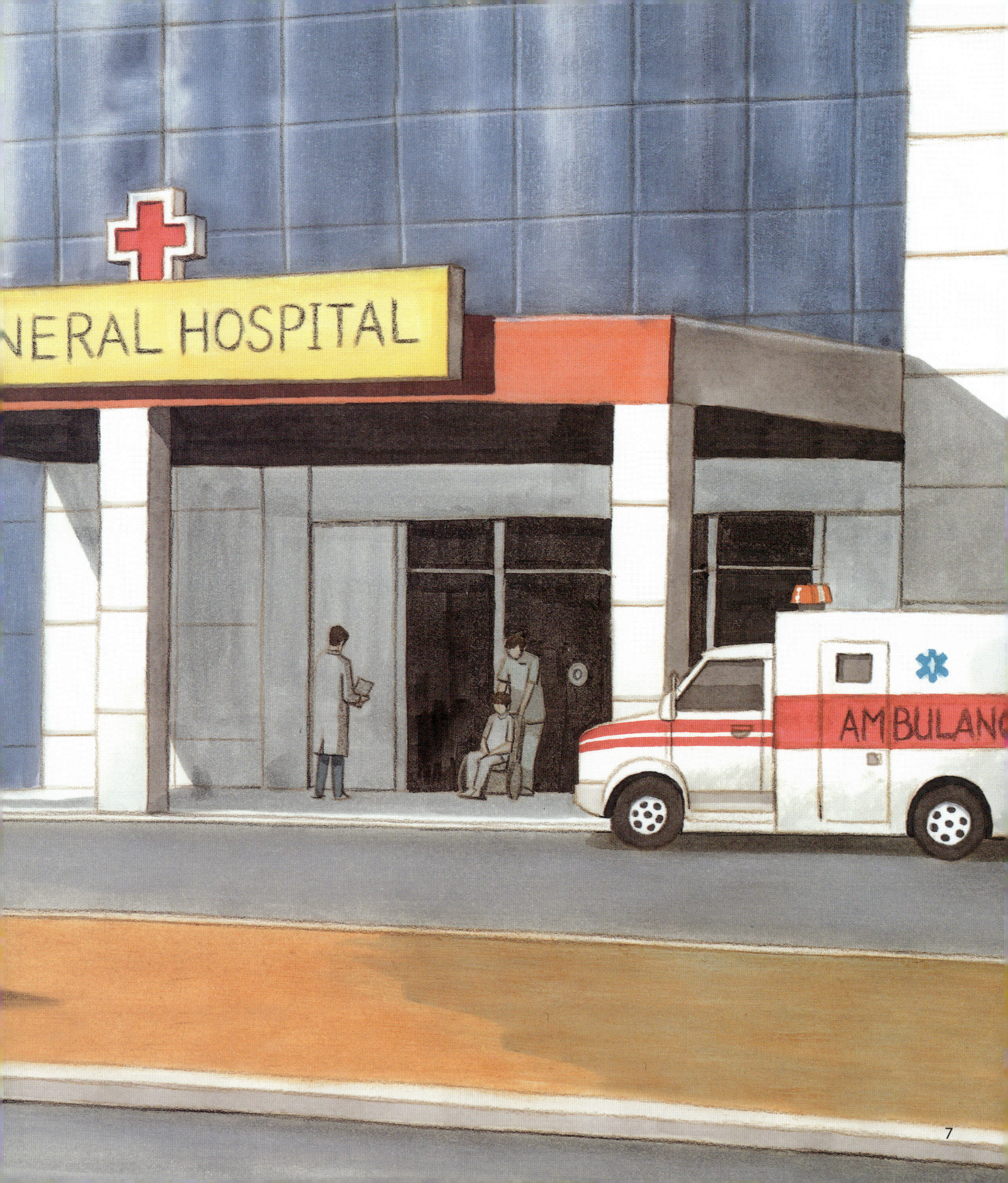

오늘은 *슈퍼볼 경기가 열리는 슈퍼볼 선데이.
초저녁부터 가족과 친구들이 집에 모여들었어.
엄마는 닭 날개와 셀러리를 준비했고 아빠는 피자와 맥주도 차렸지.
집이 복잡한 틈을 타서 말리는 애슐리를 데리고 옥상으로 갔어.
"애슐리, 플루토 스팟을 만나러 베벌리힐스에 가자. 지금."
말리는 열심히 만든 작은 비행선을 띄웠어.
전국 어린이 공작 대회에서 두 번이나 상을 탔던 말리라고.
애슐리는 비행선에 올라타더니 폴짝폴짝 뛰며 좋아해.
"말리! 애슐리! 안 돼!"
엄마랑 아빠는 밖으로 날아가는 아이들한테 외쳤어.
"엄마 아빠, 걱정 마세요. 빨리 갔다 올게요."

비행선은 마을을 지나 슈퍼볼 경기장 위로 날아갔어.
뉴욕 자이언츠 팀과 뉴잉글랜드 패트리어츠 팀이
경기 중이지.
"달려, 달려, 뉴욕 자이언츠."
아이들은 고래고래 소리쳤어.
슈퍼볼 선데이는 미국인에게 명절이나 다름없어.

비행선이 뉴욕 높이 날아오르자
자유의 여신상과 *대서양이 보여.
미국 조상들은 유럽에서 대서양을 건너와 미국 동북부에 정착했어.
그래서 이곳에 보스턴, 뉴욕, 필라델피아 같은 대도시가 많지.
거리마다 사람들이 바쁘게 오가고
빽빽한 빌딩 사이로 자동차들이 꼬리를 물고 달려.

말리와 애슐리는 수도 워싱턴을 지나 남쪽으로 날아갔어.
가다 보니 교회와 성당이 참 많아.
"보통 백인과 흑인은 교회에 가고 중남미 출신 히스패닉은 성당에 간대."
애슐리가 어디서 들었나 봐.
교회나 성당이나 안팎으로 사람이 많아.
교회에서 흘러나오는 흑인들의 가스펠 소리가 참 듣기 좋아.
"남부 사람들은 신앙심이 깊어서 도박이나 복권을 싫어한대."

끝도 안 보이게 넓은 남부의 농경지를 날아가다가
플로리다의 오렌지 농장에 내려가 봤어.
사람들이 오렌지를 따는 모습이 재미있어 보였거든.
그런데 저만치에서 애앵애앵 경찰차가
달려오고 있어.
"말리랑 애슐리, 거기 서. 부모님한테 돌아가."
"안 돼요, 안 돼. 우리는 플루토 스팟을 만나러 가야 해요."
아이들은 급히 날아올랐어.

아이들은 서쪽으로 날아가기 시작했어.
힙합 보이들이 사는 애틀랜타를 지나
끝없이 펼쳐진 목화밭과 땅콩밭 위를 날았어.
로큰롤의 황제인 엘비스 프레슬리의 고향 멤피스 위로도 지나갔고,
뉴올리언스에서는 케이준 양념을 한 닭튀김을 사 먹기도 했지.
휴스턴을 지나면서는 로데오 경기도 구경하고 말이야.

애리조나 주를 건너갈 때는 거대한 그랜드 캐니언을 만났어.
"우와! 거대한 골짜기가 끝도 없이 펼쳐져."
그때 관광용 경비행기가 바짝 쫓아와서 말했어.
"얘들아, 집으로 돌아가. 너희들을 찾느라 미국이 발칵 뒤집혔어."
"안 돼요, 플루토 스팟을 만나기 전에는 돌아갈 수 없어요."
경비행기는 아슬아슬 골짜기를 피해서 날아갔어.
말리와 애슐리는 그제야 한숨을 쉬었어.

아이들이 골짜기를 지나고 황무지와 사막을 지나
목장을 낮게 날아갈 때야.
이요! 이요! 저만치서 카우보이들이 달려와.
"너희들 플루토 스팟 찾아간다며? 게 섰거라!"
카우보이가 말을 타고 달려오며 외쳤어.
게다가 올가미를 휘두르고 있어.
아이들은 잡힐까 봐 얼른 날아올랐어.

"애슐리, 드디어 로스앤젤레스야."

아이들은 영화사가 많은 할리우드 언덕에 비행선을 세웠어.

스타의 거리에 들러서 스타들의 손자국에 손바닥을 맞춰 봤지.

그때 리무진 한 대가 오더니 문이 열렸어.

"끼야! 누나, 플루토 스팟이야."

"너희들이 뉴욕에서 온 아이들이니?"

플루토 스팟도 말리와 애슐리를 알아보았어.

플루토 스팟은 베벌리힐스 저택에 말리와 애슐리를 초대했어.
"나를 만나러 뉴욕에서까지 오다니 깜짝 놀랐어.
그리고 애슐리, 생일 축하해. 건강하렴."
말리와 애슐리는 좋아서 야단법석이야.
"그런데 우리가 올 걸 어떻게 알았어요?"
알고 봤더니 엄마 아빠가 아이들을 찾아 달라고 경찰에 신고해서
말리와 애슐리의 이야기가 뉴스에 나왔대.

말리와 애슐리는 플루토 스팟의 자가용 비행기를 타고
뉴욕 공항으로 돌아왔어.
부모님은 아이들을 따뜻하게 안아 주셨단다.
애슐리는 플루토 스팟과 이메일을 주고받기로 했고
말리는 부모님도 함께 탈 수 있는 비행선을 만들 생각이야.
먼저 만든 비행선은 아직 할리우드 언덕에 남아 있겠지.

여기는 미국!

- **정식 명칭** 아메리카 합중국
- **위치** 북아메리카 대륙
- **면적** 약 982만 6천km²
- **수도** 워싱턴
- **인구** 약 3억 1,889만 명
- **언어** 영어
- **나라꽃** 없음

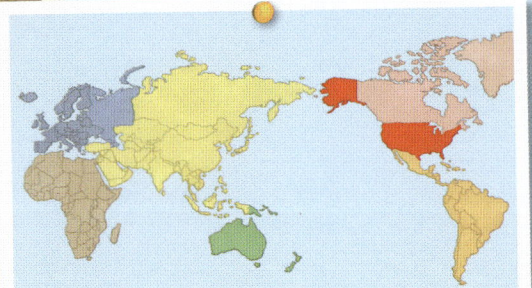

미국은 북아메리카 대륙의 거의 절반을 차지해. 동쪽으로는 대서양, 서쪽으로는 태평양과 닿아 있고, 캐나다, 멕시코와 국경을 마주하고 있지.

그랜드 캐니언 국립공원
미국 애리조나 주 북부에 있는 거대한 골짜기야. 20억 년 전에 생겨난 거라니 정말 오래되었지? 1979년 유네스코 세계 자연 유산에 등록되었어.

미국에서 가장 큰 도시, 뉴욕

뉴욕은 미국에서 가장 큰 도시야. 인구가 1,600만 명이나 되지. 국제 무역의 중심지 역할을 하고 있어서 '세계의 수도'라고도 불려. 뉴욕에 대해서 좀 더 알아볼까?

뉴욕을 상징하는 자유의 여신상

자유의 여신상은 미국 독립 100주년을 기념해 프랑스에서 선물한 동상이야. 오른손에는 평화를 상징하는 횃불을 들고 있고, 왼손에는 미국의 독립 선언서를 들고 있어. 머리에 끝이 뾰족한 관을 쓰고 있는데 자유가 세계로 뻗어 나간다는 의미래.

하늘을 찌를 듯한 엠파이어 스테이트 빌딩

뉴욕의 중심지 맨해튼에는 높은 건물이 많아. 증권 회사와 금융 회사가 모여 있는 맨해튼은 세계 경제의 중심지이기도 해. 하늘을 찌를 듯한 빌딩들 중에서 엠파이어 스테이트 빌딩이 가장 유명해. 높이가 381미터나 되지. 지금은 더 높은 건물이 많이 생겼지만 처음 지어졌을 때는 세계에서 가장 높은 빌딩이었대.

도시 속의 공원 센트럴 파크

센트럴 파크라는 커다란 공원에는 울창한 숲과 넓은 호수, 푸른 잔디, 산책할 수 있는 길이 모두 갖춰져 있어. 심지어는 야생 동물 보호 구역까지 있지. 센트럴 파크는 바쁘게 일하는 뉴욕 사람들이 쉴 수 있도록 만든 곳이래.

이런 게 궁금해요!

나사(NASA)에서는 어떤 일을 할까? 미국 대통령이 사는 곳을 왜 백악관이라 부를까? 세계 정치, 경제의 중심지인 미국에 대해 궁금한 게 많지? 함께 알아보자.

나사(NASA)에서는 어떤 일을 할까?

나사(NASA)는 우주를 관찰하고 개발하는 일을 하는 곳이야. 인공위성을 쏘아 올리고 우주 비행을 계획하는 일도 모두 나사에서 해. 달 착륙에 성공한 아폴로호도 나사가 만든 거야. 지금은 우주 왕복선들이 오갈 수 있는 커다란 우주 정거장을 만들기 위해 노력하고 있대.

왜 백악관이라고 불러?

백악관은 미국의 수도인 워싱턴에 있어. 미국의 대통령이 중요한 나랏일들을 하는 곳이지. 그런데 이름이 왜 백악관이냐고? 건물의 모든 벽이 하얗게 칠해져 있어서 백악관이라는 이름이 붙은 거야.

핼러윈 축제 때 왜 해골 분장을 하는 거야?

핼러윈 축제는 켈트 족의 풍습에서 유래된 거야. 켈트 족은 10월 마지막 날 죽은 사람이 찾아온다고 믿었대. 그래서 죽은 사람이 몸에 들어오지 못하게 귀신 분장을 했다고 해. 그 풍습이 발전하여 핼러윈 축제가 된 거야.

미국 사람들이 가장 좋아하는 스포츠는 뭐야?

미국 사람들이 가장 좋아하는 스포츠 중의 하나는 야구야. 야구가 처음 시작된 나라가 바로 미국이지. 가장 큰 국경일인 독립 기념일에 야구 대회를 열기도 한다니까 미국 사람들이 얼마나 야구를 좋아하는지 알 수 있겠지?

재즈는 어떤 음악이야?

재즈는 미국 남부의 흑인들이 시작한 음악이야. 머나먼 아프리카에서 끌려와 노예 생활을 하던 흑인들이 부르던 노래가 발전한 거야. 그래서 재즈 음악을 잘 들어 보면 아프리카의 민속 음악이랑 비슷하대.

일러두기
1. 맞춤법, 띄어쓰기는 국립국어원에서 펴낸 〈표준국어대사전〉을 기준으로 삼았습니다.
2. 외국 인명, 지명은 국립국어원의 〈외래어 표기 용례집〉을 따랐습니다.

사진제공
토픽이미지, 유로크레온, 연합뉴스, Gettyimages, Imagekorea, 몽골문화촌

재미있는 누리 세계문화

아시아
- 01 중국 | 황제를 만난 타오
- 02 일본 | 요코의 화과자
- 03 베트남 | 할아버지는 어디 계실까?
- 04 태국 | 무아이타이 고수를 찾아라
- 05 필리핀 | 차코의 소원
- 06 인도네시아 | 엄마와 함께 바롱 댄스를
- 07 몽골 | 게르에서 살까?
- 08 네팔 | 정말 예티일까?
- 09 인도 | 하누만, 소원을 들어주세요
- 10 사우디아라비아 | 지금은 라마단
- 11 터키 | 할아버지의 마법 양탄자

유럽
- 12 영국 | 앨리스와 스펜서 백작
- 13 프랑스 | 소원을 들어주는 빵
- 14 네덜란드 | 여왕님의 생일 선물
- 15 독일 | 우리는 동화 마을 방위대
- 16 스위스 | 납치된 가족은 누구?
- 17 이탈리아 | 가방이 바뀌었어
- 18 그리스 | 주문을 외워 봐
- 19 에스파냐 | 엉뚱 할아버지의 집은 어디?
- 20 스웨덴 | 삐삐와 바이킹 소년
- 21 덴마크 | 레고랜드로 간 삼촌
- 22 러시아 | 나타샤의 꿈
- 23 체코 | 슈퍼맨 마리오네트
- 24 루마니아 | 도둑을 잡으러 간 소린

아메리카
- 25 미국 | 플루토 스팟을 찾아가요
- 26 캐나다 | 퍼레이드가 좋아
- 27 멕시코 | 사라진 태양의 왕국
- 28 쿠바 | 말랭이 영감 다리 나았네
- 29 브라질 | 삼촌의 선물
- 30 페루 | 고마워요, 대장 콘도르
- 31 칠레 | 펭귄을 데려다 주자

아프리카
- 32 이집트 | 파라오의 마음이 궁금해
- 33 나이지리아 | 힘차게 달려라, 나이지리아
- 34 케냐 | 마타타의 신나는 사파리 여행
- 35 남아프리카 공화국 | 루시와 마누는 친구

오세아니아
- 36 오스트레일리아 | 오페라 하우스를 그려 봐
- 37 뉴질랜드 | 하우, 너라면 할 수 있어
- 38 투발루 | 간장 아가씨, 바닷물을 조심해요

주제권
- 39 화폐 | 돈조아 임금님의 퀴즈
- 40 다문화 | 달라도 괜찮아
- 41 옷 | 외계인 빠숑 옷 구경 왔네
- 42 신발 | 클로그를 신을까, 바부슈를 신을까?
- 43 음식 | 황금 포크는 내 거야
- 44 스포츠 | 뚱아 덕아 운동 좀 하자
- 45 괴물 | 유치원에 괴물이 나타났어요

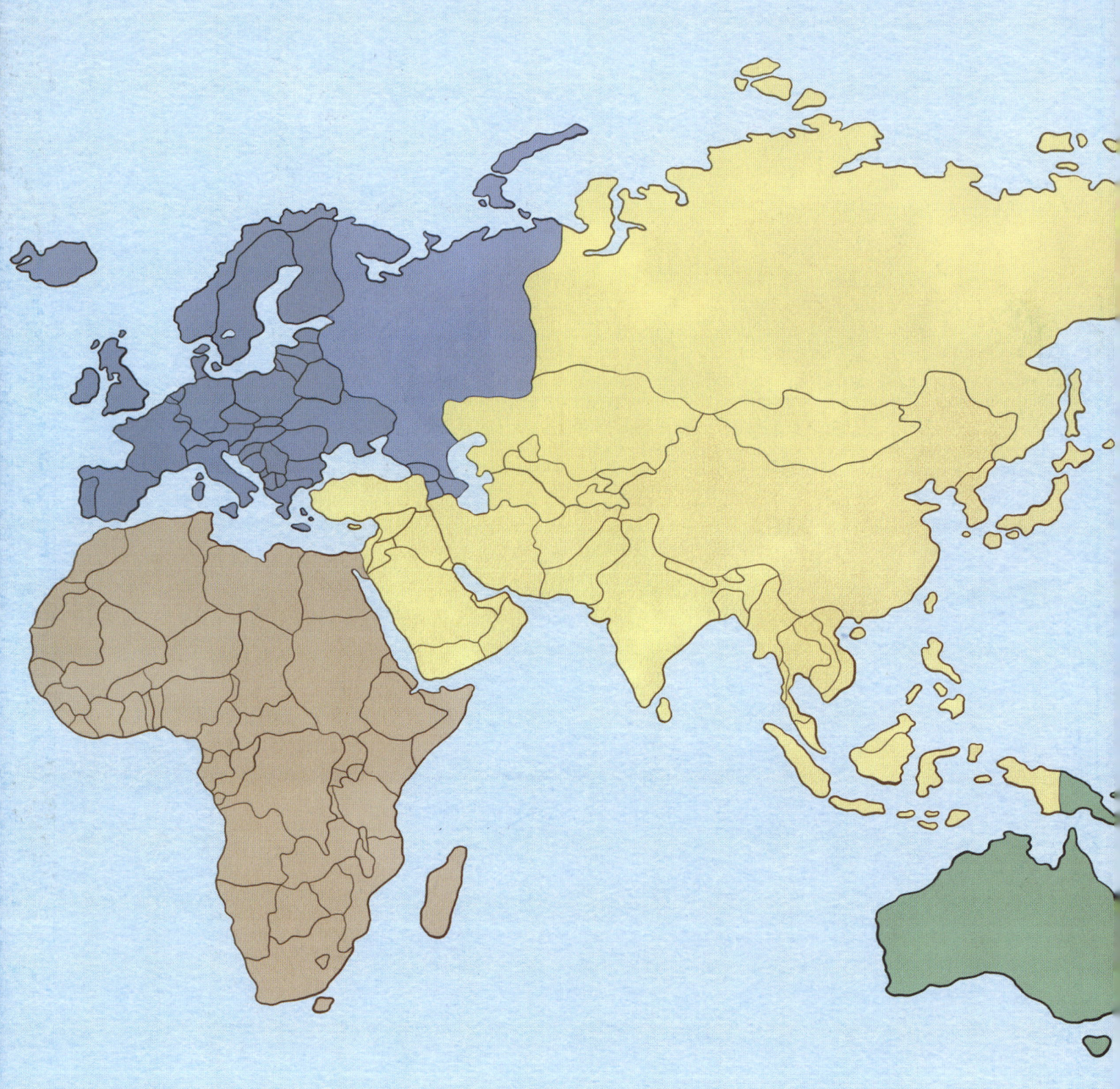